AF371145

RENTIERS DE L'ÉTAT.

ADDITIONS A FAIRE
AU PROJET DE LOI
SUR LES TRANSACTIONS.

L**ANTHENAS**, dans la séance du 24 brumaire dernier, avoit appelé l'attention du conseil sur *ceux qui*, *débiteurs envers particuliers*, *sont en même temps rentiers de l'état :* sa motion a été écartée par *l'ordre du jour*.

On doit croire que cet *ordre du jour* a été déterminé, non par l'injustice de la proposition, quant au fonds, mais seulement parce qu'elle étoit prématurée.

Cependant, cette motion si juste en elle-même, n'a point été représentée, et le projet de loi sur les transactions est terminé : peut-il être adopté, sans être auparavant rectifié par le conseil des cinq-cents ?

Examinons cette Question.

Prouvons d'abord qu'aucune dette n'est plus sacrée que celle des *rentiers de l'état*, et que leur position est telle que, *lorsque la république ne*

A

peut les payer entièrement, elle doit venir à leur secours par des lois particulières (*).

Le nerf du gouvernement est son crédit ! les trésors s'épuisent ; les impositions n'offrent qu'une ressource éloignée : le *crédit*, sagement ménagé, fournit, seul, des moyens présens et toujours renaissans.

Donc, il est de l'intérêt d'une grande nation de conserver, avant tout, son crédit.

Le moyen le plus sûr de maintenir le crédit national, est d'avoir un respect religieux pour les engagemens de l'état.

Une des principales ressources de la France, a été celle des emprunts à constitution.

Les propriétaires de rentes sur le trésor public, ont, eux-mêmes ou leurs auteurs, versé dans les coffres de l'état, partie de leur fortune.

Les rentes qui leur ont été constituées sont les intérêts, les fruits des capitaux, dont ils ne se sont dessaisis que parce qu'ils avoient *dans la loyauté française, une juste confiance.*

Vingt fois, à la tribune des assemblées constituante, conventionelle et législative, on a voué à l'exécration la simple expression de *ban-*

____

(*) *La classe des créanciers de l'état est toujours la plus exposée aux projets des ministres ; elle est toujours sous les yeux et sous la main ; il faut que l'état lui accorde une singulière protection.* (Espr. des lois, liv. 22, chap. 18.)

queroute, tant on est convaincu de cette vérité ; que *la créance des rentiers est sacrée ;* que *leur sort est INTIMEMENT lié au maintien du crédit national !*

Les dépenses extraordinaires qu'ont occasionnées huit ans de révolutions, six ans d'une guerre dont l'histoire n'offre pas d'exemple, ont épuisé le trésor public, ont nécessité le retard du paiement du quart des rentes, et la suspension, presque indéfinie, du paiement des trois autres quarts.

Cependant, le rentier, épuisé par les sacrifices qu'il a été *obligé de faire pour vivre*, pour acquitter ses impositions, l'infortuné rentier, si une loi *particulière* ne vient à son secours, est à la veille de voir sa ruine consommée par les poursuites de ses créanciers.

Beaucoup de rentiers de l'état n'ont pour subsister et payer leurs dettes, d'autres moyens que les arrérages, et même que les capitaux de leurs rentes sur la république (*). Position des rentiers de l'état.

Le surplus de leurs ressources est presque nul. Ils sont presque dénués de ressources.

____

(*) Les inscriptions sur le grand-livre ont pour origine d'anciennes rentes sur l'état, des remboursemens de montant de liquidation de créances sur les compagnies financières, de l'actif desquelles le gouvernement s'est emparé en se chargeant de leurs dettes.

A 2

L'argent comptant ! depuis long-temps il a fui de leurs mains : ils n'en ont plus.

Leur mobilier ; ils l'ont vendu en *grande partie pour subvenir à leurs besoins.*

Les propriétés immobiliaires ; elles ont perdu plus de moitié de leur valeur ; cette dépréciation ne peut même qu'augmenter.

Si les débiteurs sont tous obligés, à la même époque, de vendre leurs immeubles pour s'acquitter, la multiplicité des objets à vendre, la rareté (*) du numéraire, et par suite, celle des

---

(*) Les législateurs, en arrêtant le projet de loi sur les transactions, n'ont pas fait assez d'attention à la rareté excessive du numéraire : malgré la suspension de tous les paiemens arrêtés par le défaut de lois sur les transactions, la rareté du numéraire est portée, en ce moment, à un point effrayant.

En 1788.	*Aujourd'hui.*
Le papier de banque s'escomptait à $\frac{1}{2}$ pour $\frac{1}{0}$ par mois.	Il s'escompte à peine à 1 $\frac{1}{2}$ pour $\frac{1}{0}$.
Le papier de commerce se faisoit à $\frac{1}{2}$, au plus.	Il se fait avec peine à 4, 5, 6 et même 10 pour $\frac{0}{0}$ par mois.
Le Mont-de-Piété prêtoit sur nantissement, à 10 pour cent, *par an..*	Le Mont-de-Piété ne prête plus (faute d'argent) ; les commissionnaires prêtent à 8 $\frac{1}{2}$, et même 12 $\frac{1}{2}$ p. $\frac{0}{0}$ *par mois.*

Et de prétendus honnêtes-gens, devenus usuriers, prêtent actuellement *sur nantissement* à 4 et 5 p. $\frac{0}{0}$ par mois ; de cette usure énorme et de ces proportions, il résulte que l'argent est à présent 12 *fois moins commun qu'avant la révolution.*

Déja les banqueroutes commencent à s'ouvrir, et le pro-

(5)

achetaurs, toutes les circonstances se réuniront pour accroître la vilité du prix, pour diminuer le produit de la vente, et ruiner absolument le débiteur.

Les rentes sur l'état : elles se vendent un peu plus (aujourd'hui), que le vingtième de leur valeur originaire.

Forcera - t - on le propriétaire de ces rentes à se soumettre à une perte (1) aussi énorme ? non, sans doute.

Dans un pareil état de choses, le législateur ne peut permettre qu'on vende le lit du rentier de l'état, de cet infortuné si favorable, à qui la république doit reconnoissance et protection spéciale ; il ne permettra pas qu'on chasse le rentier de sa maison, reste du patrimoine de ses pères, dans le moment même où l'état ne s'ac-

---

duit des droits d'enregistrement pour les protêts faits dans le cours de ce mois, ne peut pas être comparé à celui des précédens : tant il s'est accru !

Comment les rentiers, au milieu de cette pénurie, pourroient-ils satisfaire à une loi qui, en fixant le *quantum* de leurs dettes, ne leur accorderoit ni terme, ni nouveaux moyens de libération?

(1) Nous allons indiquer le moyen de le soustraire à cette perte ruineuse, d'augmenter la valeur des inscriptions, et d'associer un grand nombre de citoyens au crédit national.

quitte pas envers lui des sommes plus que suffi-
santes pour payer le créancier.

Les législateurs s'occupent de faire cesser
l'indécision qui suspend l'exécution des transactions, cela est très-juste ; mais il est juste aussi,
qu'en vertu d'une loi particulière (à ajouter
aux projets de celles sur les transactions, qui
seront rectifiés à cet égard), le créancier de
la république puisse payer ses propres créanciers
dans les mêmes *termes*, *monnoie* et *proportion* que
le paye le débiteur commun, l'état : la vérité
de ce principe a été reconnue, consacrée dans
tous les temps.

Dans l'ancien régime, lorsque l'état augmen-
toit les impositions et faisoit des retenues (c. a.
d.) une diminution sur les rentes, le particulier
étoit autorisé à faire éprouver à ses créanciers
la même retenue, la même diminution, soit
d'arrérages, soit d'intérêts, fussent-ils même
prononcés en justice.

Depuis la révolution, cet usage a été maintenu
jusqu'ici, relativement aux retenues ; voilà pour
la *proportion*.

Lorsque l'état a payé en assignats, en man-
dats, le débiteur a été autorisé à payer de même :
aujourd'hui la république paye en écus, le
créancier doit être payé en écus ; en supposant,

néanmoins, qu'il existe *encore assez de monnoie métallique pour acquitter toutes les dettes publiques et particulières : VOILA POUR LA MONNOIE.*

Quel a été le fondement de ces usages et des lois qui les ont consacrées? Une vérité physique et un principe d'économie politique.

La vérité physique, c'est que les signes monétaires ne croissant pas entre les mains du débiteur, il ne peut payer que comme il est payé lui-même par l'état, qui est le plus gros débiteur, le débiteur commun.

Le principe est, que le mode de paiement de l'état règle la manière de payer les particuliers.

Quant aux *termes*, la loi doit être pour les particuliers, la même que pour l'état.

Termes.

Ainsi, lorsque l'état atermoye pour les trois quarts des arrérages, et ne paye que le quart, les débiteurs de rentes, qui sont créanciers de l'état, doivent jouir du *bénéfice* d'un atermoyement, dont ils supportent les *charges*.

Déjà, ce principe a été reconnu par le conseil des Cinq-Cents, dans la séance du 7 nivôse; mais le conseil a erré en le limitant aux simples héritiers, etc., vis-à-vis des légataires, donataires, etc.

Ce principe devroit être étendu aux rentiers de l'état.

Arrérages. Et puisque la république ne peut, en ce moment, servir la totalité des arrérages qu'elle doit à ses créanciers, puisqu'elle attermoye avec eux; elle doit les autoriser, non-seulement à attermoyer dans la même proportion avec leurs propres créanciers d'arrérag s, ou d'intérêts annuels, mais même à déléguer à ces créanciers les arrérages qui leur sont dûs par la république.

Capitaux. Quant aux capitaux qui seront exigibles, par suite de la loi, à rendre sur les transactions, les mêmes raisons d'équité qui militent pour faire autoriser le débiteur à déléguer à son créancier les arrérages sur l'état, doivent aussi le faire autoriser à s'acquitter, au pair ou au taux pour lequel il les a reçus ou acquis (1), avec des capitaux de rentes sur l'état.

Nous le répétons; *le débiteur, rentier de l'état,* mérite, en même-temps, et faveur et justice.

Comme rentier, ce point est démontré.

Comme débiteur, il n'y a pas plus de difficulté.

Si la *dette* contractée est *ancienne,* il a le mérite d'une délicatesse *éprouvée ;* il pouvoit

____

(1) Bien entendu que cette faculté ne doit pas s'étendre aux créances privilégiées, ou ayant hypothèque spéciale sur un immeuble.

s'acquitter avec des valeurs presque nulles, avec des assignats dépréciés ; il ne l'a pas fait : peut-on ne pas lui savoir gré de sa loyauté ?

Si la *dette* est *nouvelle*, il l'a contractée pour subvenir à ses besoins, à l'insuffisance de la monnoie que lui donnoit le gouvern ment, pour s'acquitter envers lui, et payer ses impositions annuelles et extraordinaires ; enfin, en empruntant des assignats, il s'est associé à la fortune publique, dont le créancier vouloit, peut-être s'isoler, en se débarrassant de son papier-monnoie.

Mais ce n'est point faveur que reclament les débiteurs rentiers de l'état, ils ne veulent que justice.

Or, il est juste, il est de plus *politique*, qu'ils puissent s'acquitter de leurs dettes *arréragées et capitales*, avec les *arrérages capitaux* que leur doit l'état ; et ce, au taux pour lequel ils prouveront qu'ils les ont reçus.

Ce mode de libération, juste, puisque l'état doit être regardé comme le meilleur débiteur, lui sera très-avantageux ; il est *très-politique*.

Il est *très-politique* en effet ; il multipliera les transfers, et, par conséquent, produira des droits d'enregistrement considérables.

Il atteindra les égoïstes, et les associera, malgré eux, à la fortune publique.

Enfin, si des circonstances peu vraisembla-
bles, mais possibles, prolongeoient, ou même
augmentoient les retards dans le payement des
rentes, ce malheur, très-grand sans doute, de-
viendroit plus supportable, parce qu'il frappe-
roit sur un plus grand nombre d'individus,
sans que l'arriéré s'augmentât.

Mais, dira-t-on, c'est ouvrir un nouveau
champ aux remboursemens en valeur idéale :
un agioteur aura acheté, moyennant 900 francs,
une rente de 1,000 liv. au capital de 20,000 liv.,
et l'on voudroit l'autoriser à éteindre aussi une
dette de 20,000 livres avec un capital de 900
francs (1) ?

Loin de nous pareille idée ; loin de nous le
projet d'indiquer un nouveau moyen de favo-
riser les vols ; mais également loin de nous le
douloureux spectacle d'un créancier de 4,000 l.,
faisant vendre le peu de meubles qui restent à
son débiteur *rentier*, faisant saisir réellement,
et vendre sur lui une inscription de 3,000 liv.
de rente d'ancienne création, ou produit de
liquidation d'office, et ne trouvant pas, dans
le montant de la vente des meubles et du fonds

______

(1) Cette crainte seroit chimérique, puisque la faculté
seroit limitée aux rentes dont le débiteur seroit propriétaire
depuis une époque fixée par la loi à intervenir.

de 60,000 livres, de quoi éteindre la dette de 4,000 livres.

Réduisons à quelques principes les motifs propres à faire adopter les idées que nous avons hazardées.

1°. La prospérité d'un état est entièrement liée à la conservation de son crédit.

2°. La conservation du crédit dépend de la fidélité avec laquelle la république remplit ses engagemens, et du nombre d'intéressés à ce crédit.

3°. Les plus anciens, les plus sacrés des engagemens de l'état, sont ceux qu'il a contractés envers les rentiers (1), qui ont versé entre ses mains leurs fonds, ou qu'il a remboursés en inscriptions.

4°. Le mode de payement adopté par l'état, le débiteur commun, pour les *termes*, *monnoie* et *proportion*, doit être étendu aux créanciers de particuliers, et notamment de rentiers de l'état.

---

(1) Nombre de personnes, sur-tout des habitans des départemens, regardent les rentiers comme des oisifs, dont l'inutilité pèse au gouvernement; comme des frelons, qui consomment le miel de l'industrieuse abeille: mais, si le rentier n'avoit pas fourni, au trésor public, ses fonds, le laborieux cultivateur eût été écrasé par les surcharges, dont les fonds, versés par le rentier, l'ont exempté.

5°. *Lorsque l'état ne peut payer ses créanciers, il leur doit protection spéciale :* le rentier de l'état, supportant les *charges* de l'attermoyement de la république, doit en avoir les *bénéfices*.

6°. L'état doit être regardé comme le meilleur, le plus sûr débiteur.

7°. Le rentier de l'état doit être autorisé à payer ses propres créanciers, avec les capitaux, les arrérages que lui doit la république (1).

8°. Lorsque le signe monétaire est rare, il est de la politique de *monétiser la dette consolidée*, d'associer un plus grand nombre de citoyens à la fortune publique.

9°. Tout fardeau divisé est allégé ; donc il est politique de diviser celui du retard du payement de la dette nationale.

Puissent, ces idées, mériter l'attention des législateurs, et être le germe d'une loi, qui porte quelque *adoucissement au sort des plus malheureuses victimes de la révolution, LES RENTIERS !*

---

(1) César, dictateur, permet aux débiteurs de donner en payement à leurs créanciers des fonds de terre, AUX PRIX QU'ILS VALOIENT AVANT LA GUERRE CIVILE. *Esprit des Lois*, liv. 22, chap. 2. *Vid* César, *de la guerre civ. liv.* 3. Pourquoi ne suivroit-on pas, relativement aux rentes sur l'état, l'exemple qu'a donné ce grand homme ?

OLLIVIER, homme de loi.

De l'Imprimerie de DESENNE, rue des Moulins.